ISSN 0138-3957

SITZUNGSBERICHTE DER SÄCHSISCHEN AKADEMIE
DER WISSENSCHAFTEN ZU LEIPZIG

Philologisch-historische Klasse
Band 124 · Heft 1

HANS HIEBSCH
RENATE HASCHKE

METHODOLOGISCHE PROBLEME DER PSYCHOPHYSIOLOGIE BEI DER SYSTEMANALYSE MENSCHLICHER HANDLUNGEN

Mit 11 Abbildungen

AKADEMIE-VERLAG · BERLIN
1984

Vorgetragen in der Sitzung vom 5. März 1982
Manuskript eingereicht am 5. März 1982
Druckfertig erklärt am 2. Oktober 1983

Erschienen im Akademie-Verlag, DDR - 1086 Berlin, Leipziger Str. 3–4

Lizenznummer: 202 · 100/89/84
Printed in the German Democratic Republic
Gesamtherstellung: IV/2/14 VEB Druckerei „Gottfried Wilhelm Leibniz“, 4450 Gräfenhainichen · 6190
LSV 0195
Bestellnummer: 754 228 8 (2026/124/1)

00300

I. Methodologische Voraussetzungen und methodische Versuchsgestaltungen in der Psychophysiologie

(1) Es ist ein bedenkenswerter Umstand, daß die semantische Wurzel von „Psychologie“, die „Psyche“, in einer Vielzahl von Zusammensetzungen auftaucht, in der Frühzeit der Psychologie etwa als „Psychophysik“ (G. Th. Fechner, 1860) oder einige Jahrzehnte später als „Psychoanalyse“ (S. Freud, 1895) oder neuerdings als „Psycholinguistik“; dies wäre beliebig fortsetzbar. Dieser Umstand belegt zunächst nichts anderes als die überaus große Komplexität und den wirklichen Zusammenhangsreichtum des mit dem Wort „Psyche“ gemeinten Phänomens der objektiven Realität.

Hier wird nun ein weiteres Kompositum ins Spiel gebracht, und das geschieht zudem noch im Zusammenhang mit der „Systemanalyse menschlicher Handlungen“. Das kann und wird Fragen provozieren. Seitdem die Psychophysiologie (oder auch „Neuropsychologie“, wie heute öfter gesagt wird) auf den Plan getreten ist, werden solche Fragen immer wieder und von verschiedenen Seiten her gestellt: Ob man denn das Wesen dessen, was als „Psyche“ oder als „Seele“ benannt wird, mit einem Rückgriff auf das Physiologische erfassen oder gar erklären könne? Ob eine solche Bezugsetzung nicht etwa als eine Art des Reduktionismus gekennzeichnet oder gar gebrandmarkt werden müsse? Ob das „Leibliche“, das mit dem Wort Physiologie angezielt ist, überhaupt in einer Verbindung zum „Seelischen“, das Angelegenheit der Psychologie ist, gesehen und interpretiert werden könne?

Solche Fragen gibt es natürlich noch viele; die angeführten seien nur als stellvertretend genannt. Mit ihnen sollte der wissenschaftshistorische Zusammenhang angedeutet werden, aus dem das Problem selbst und seine Fragwürdigkeiten hervorgegangen sind, das „Leib-Seele-Problem“.

Wir möchten der Versuchung entgehen, uns diesem in extenso zuzuwenden, so interessant dies auch in unserem Zusammenhang sein könnte. Es sei nur angemerkt, daß die uralte philosophische und später in die Psychologie übernommene Hauptfrage des Leib-Seele-Problems – die Frage nämlich, wie denn „Leib“ und „Seele“ bzw. Materielles und Geistiges miteinander übereinstimmend funktionieren können – bereits eine vorgängige Trennung dieser beiden Entitäten einschließt, was bekanntlich in der

Philosophie der Neuzeit, bei DESCARTES, in seiner dualistischen Entgegensetzung von „res extensa“ und „res cogitans“ zum Ausdruck kommt. Wird diese idealistische „Bifurkation“ der Welt aufgehoben, dann entlarvt sich das Leib-Seele-Problem als ein Scheinproblem.

Es muß jedoch gleich festgehalten werden, daß dieses Problem in der Geschichte der Psychologie zu sehr einflußreichen und weiterführenden Arbeitsrichtungen geführt hat, so z. B. auch zur Psychophysik; das Bemühen FECHNERS – um nur einen zu nennen – war es durchaus, mit den Untersuchungen zum Verhältnis von Reiz und Empfindung einen Beitrag zur Lösung des Leib-Seele-Problems zu finden. Das gilt in ähnlicher Weise auch für die Psychophysiologie, die in der wissenschaftsgeschichtlichen Tradition auf die von WUNDT (1874) begründete „physiologische Psychologie“ zurückgeht.

Wenn auch noch nicht explizit bei WUNDT formuliert, werden in der traditionellen Psychophysiologie zwei grundlegende Fragen behandelt: (1) Welche physiologischen Reaktionsmuster sind aktuellen psychischen Zuständen oder Phänomenen zugeordnet? (2) Welche habituellen (z. B. konstitutionellen) physiologischen Eigenschaften des Menschen korrelieren mit seinen psychologischen bzw. Persönlichkeitseigenschaften? Als Beispiel für die erste Frage kann der Zusammenhang zwischen einem Affekt, etwa Angst, und dem ihm zugeordneten Reaktionsmuster des Herzens und anderer Organe dienen, für die zweite z. B. das Problem, in welchen vegetativen, biochemischen oder zentralnervösen Charakteristika ein Temperamentstyp fundiert sei.

Wie schon die Formulierungen der Fragen andeuten, wurde bzw. wird nach „Zuordnungen“, „Korrelationen“ oder ähnlichen Zusammenhängen gefragt; in der Tat dominiert in der Psychophysiologie die korrelationsstatistische Behandlung der gewonnenen Daten, zumeist für zwei relativ isolierte Meßwerte. Das ist aus erst später zu erwähnenden Gründen recht problematisch und wirft methodologische Fragen auf, die den Gegenstand dieses Vortrages ausmachen sollen. Damit diese nicht nur in der obligatorischen Abstraktion dargestellt werden, wollen wir sie am Beispiel der psychophysiologischen Forschung in Jena abhandeln, wie sie sich in Zusammenarbeit zwischen Physiologie und Psychologie an der Friedrich-Schiller-Universität entwickelt hat. Wie diese Kooperation entstanden ist, ist selbst schon ein interessantes methodologisches Problem.

(2) Von Seiten der Psychologie ging es um ein Problem der sozialpsychologischen Grundlagenforschung, dem wir uns ob seiner generellen Bedeutung stellen mußten, nämlich das der sogenannten „sozial induzierten Aktivierung“, von F. H. ALLPORT (1924) zuerst unter dem Begriff der „social facilitation“ beschrieben. Allgemein geht es bei diesem Phänomen darum,

daß – gesellig lebende – Organismen dann ihr Aktivierungsniveau verändern, in der Regel erhöhen, und demzufolge auch ihre Leistungen verbessern, wenn sie „sozialen Reizen" ausgesetzt sind, was unter Umständen durch die bloße Anwesenheit von Gattungsgenossen gewährleistet ist. Ein instruktives Beispiel ist eine Untersuchung von CHEN (1937) über den Nestbau von Ameisen in Einzel- und Gruppensituationen, wo eine Leistungserhöhung in der Gruppensituation gegenüber der Einzelsituation im Verhältnis etwa von 1 zu 4 ermittelt wurde.

Das Phänomen der „social facilitation" oder sozialen Aktivierung ist bei Tier und Mensch gleichermaßen anzutreffen, für den Menschen aber mit einem sehr bedeutungsvollen Unterschied zum tierischen Verhalten: Hier führt die Anwesenheit von Gattungsgenossen, etwa als Beobachter bei einer geforderten Leistung, nur dann zu einer Aktivierung, wenn dieser im Rahmen sozialer Bewertungsprozesse als bedeutsam und kompetent für den Akteur erkannt wurde (H. LÜCK, 1969). Es sollte untersucht werden, welche Mechanismen diesem Phänomen zugrunde liegen. Genauere Überlegungen (SONNE, 1979) ergaben die Notwendigkeit, die physiologischen Grundlagen dieses Phänomens nicht nur – wie in früheren psychophysiologischen Untersuchungen zur Aktivierung – in den Veränderungen vegetativer Parameter zu suchen, sondern bis zu den informationsverarbeitenden Prozessen des Gehirns vorzudringen. Das ergab sich aus Erkenntnissen über enge Beziehungen zwischen Informationsverarbeitung und Aktivierung, wie sie sowohl in der Psychologie als auch der Neurophysiologie der letzten beiden Jahrzehnte gefunden worden waren. Nach dem gegenwärtigen Stand der Neurophysiologie boten sich für diesen Zweck die sogenannten „evozierten Potentiale" (EP) bzw. „ereignisbezogenen Potentiale" (ERP) an.

Von Seiten der Jenaer Physiologen, bei denen bereits reiche Erfahrungen mit EP vorlagen, hatte man sich das Problem gestellt, von den Schlußfolgerungen über Systemprozesse in der Verhaltensregulation auf der Grundlage evozierter Potentiale aus Tierexperimenten zu einer Systemanalyse der Hirnfunktionen bei zielgerichteten menschlichen Handlungen vorzudringen (HASCHKE, R. et. al., 1978, HASCHKE, W., 1976, HASCHKE, W., 1978, HASCHKE W. & R., HASCHKE, 1980). Dazu mußte zwar auf invasive Techniken des Experiments verzichtet werden; dafür bot sich der Einblick in die breite Palette des subjektiven Erlebens an, dessen Gegenüberstellung mit objektiven Korrelaten der Hirnfunktion aufschlußreich erschien. Das allerdings erschien ohne Psychologie nicht lösbar.

Somit war beiderseits das Bedürfnis nach interdisziplinärer Kooperation entstanden; diesen „schuf sich sein Organ" (ENGELS) in der Form eines mittlerweile installierten psychophysiologischen Labors und einer interdisziplinär zusammengesetzten Forschungsgruppe.

(3) Bevor wir uns im einzelnen den methodologischen Fragen zuwenden, die einem solchen Versuch interdisziplinärer Arbeit naturgemäß innewohnen, soll das Anliegen der gemeinsamen Forschung erst einmal knapp dargestellt werden. Wie angedeutet, geht es darum, das den zielgerichteten menschlichen Handlungen zugrunde liegende interne Regulationssystem des Gehirns Schritt um Schritt zu analysieren, also die internen funktionellen Zusammenhänge im System aufzudecken. Es muß gleich vorab dazu angemerkt werden, daß dies ein Problem der Grundlagen-, teilweise sogar der Erkundungsforschung ist, für dessen Lösung noch viele Jahrzehnte angestrengter Arbeit vonnöten sein werden. Daß es nur in Kooperation zwischen Neurophysiologie und Psychologie und unter Einschluß auch anderer Disziplinen (Neuromorphologie, Neurobiochemie u. a.) gelöst werden kann, ist international mittlerweile anerkannt. Es kommt aber darauf an, die Art der Zusammenarbeit beider Wissenschaften so zu planen, daß ein höchstmöglicher Ertrag erreicht wird. Und eben dafür sind – nach unserer Überzeugung – methodologische Vorklärungen unbedingt erforderlich.

Das mittlerweile entwickelte und erprobte Prinzip der Versuchsgestaltung ist das folgende (Abb. 1):

Die Versuchspersonen (Vpn), hinsichtlich vegetativer und zentralnervöser Kriterien als im Normalbereich liegend ausgewählt, werden in eine experimentelle Situation gestellt, in der sie nach einer etwa zehnminütigen Anpassungs- oder Ruhephase über zwanzig Minuten hinweg Rechenaufgaben zu lösen haben, die projiziert werden und deren Lösung sie mit einem Knopfdruck anzeigen. Die Anzahl der Aufgaben in der Zeit und damit die mentale Belastung durch diese Aufgabenanforderungen kann variiert werden. (An dieser Stelle kann später die oben genannte soziale Bedingung eingeführt werden: Handlung in Alleinsituation und mit Zuschauer bzw. Beobachter – was wiederum variierbar ist.) Nach der Testphase tritt eine Erholungsphase von etwa zehn Minuten ein (SCHWIND et al., 1982).

Es werden nun vor dem Versuch, während seines Ablaufs und danach eine große Anzahl für notwendig erachteter Daten erfaßt. Vor dem Versuch werden einige Persönlichkeitstests durchgeführt, die Aussagen über habituelle Dispositionen erlauben, die vermutlich mit dem Leistungsverhalten zusammenhängen. Ein Teil der Untersuchung wird sich damit befassen, ob solche habituellen Dispositionen zur interindividuellen Variabilität des Verhaltens tatsächlich beitragen, wie das oft vermutet wird, oder ob diese Variabilität nicht in erster Linie durch aktuell wirkende Umgebungseinflüsse erzeugt wurde.

Während der gesamten Versuchsdauer, also über alle drei Phasen hinweg, werden folgende physiologische Meßwerte abgeleitet, registriert und teilweise sofort dem Rechner zur Auswertung zugeleitet: Respirogramm mittels Thermistor, EEG, EKG, EMG (Unterarm), EOG (mit Lidschlag-registrierung) und akustisch und somatosensorisch evozierte Potentiale (AEP bzw. SEP). Die evozierten Potentiale, z. T. als Einzelantworten oder

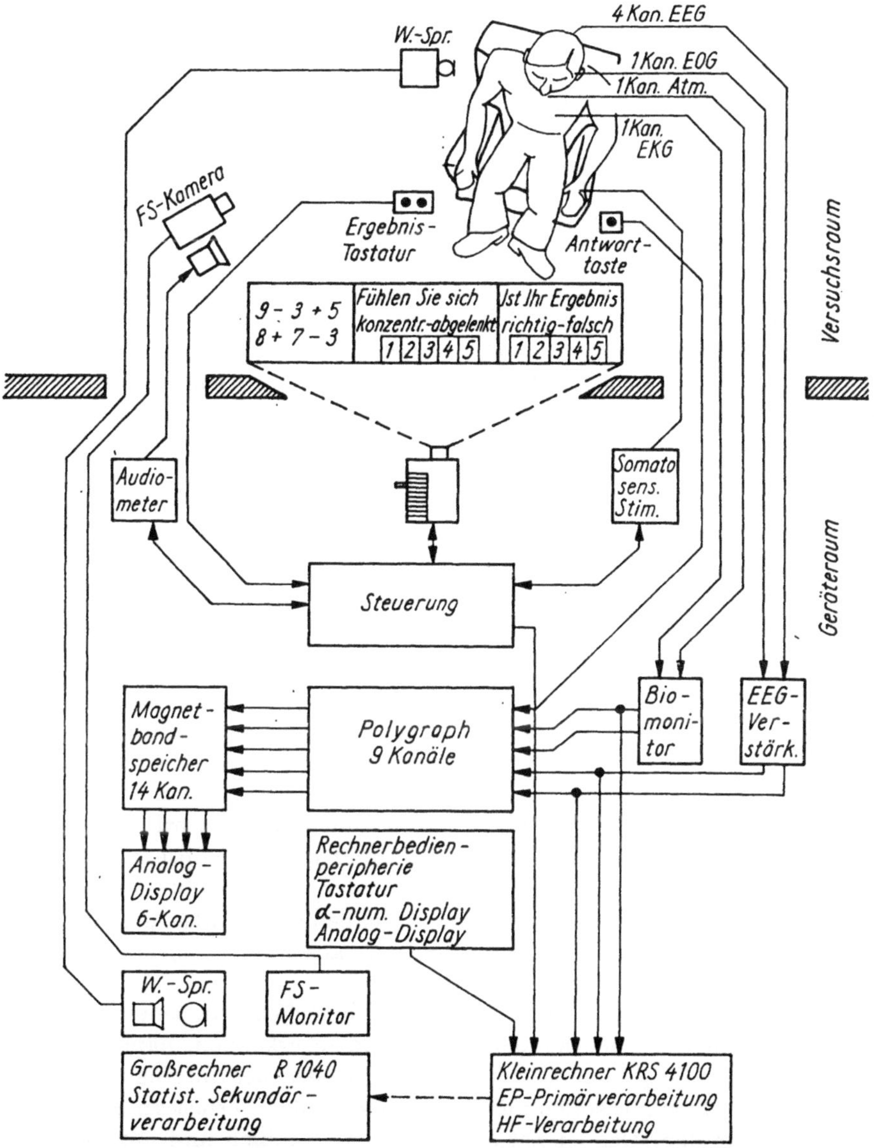

Abb. 1: Schematische Darstellung der Versuchsanordnung und der Ableitungen.

mit Hilfe der Average-Technik erhoben, dienen gleichsam als eine Art „Sonde“, mit der Änderungen in der Raum-Zeit-Struktur bioelektrischer, also objektiver Begleiterscheinungen von Systemprozessen in sehr feiner zeitlicher Auflösung (Millisekundenbereich) in Abhängigkeit vom Aktivierungsniveau bzw. von der Bedeutsamkeit der EP-auslösenden Reize untersucht werden sollen. Dieses Unternehmen ist insofern problematisch, wenn man an die noch sehr unscharfen Vorstellungen zur Aussagemöglichkeit von EP und zur Beziehung dieser bioelektrischen Phänomene zu den Informationsverarbeitungsprozessen denkt sowie auch an die Vielzahl (oft noch unbekannter) Variablen und Einflußfaktoren.

Es ist aber mittlerweile durch eine Vielzahl von Untersuchungen, auch an Menschen, recht gut belegt, daß die eruierbaren Kennwerte von EP und ihre Veränderungen in der Zeit doch gewisse Hinweise auf die informationsverarbeitenden Prozesse des Gehirns bei Verhaltensreaktionen abzuleiten gestatten (REGAN, 1972, NÄÄTÄNEN, 1967, 1975, PICTON & HILLYARD 1974, CALLAWAY et al., 1978, BEGLEITER, 1979, ULLSPERGER, 1981, DONCHIN, 1981).

Während des Versuchsdurchganges werden auch psychologische Daten erfaßt: Der Versuchsleiter erhebt sorgfältig den aktuellen physischen und psychischen Zustand des Probanden per Befragung unmittelbar vor dem Experiment; Vpn, die den zu stellenden Anforderungen an den Versuch (etwa durch ungenügenden Schlaf, durch Medikamenteneinnahme, durch quälende Sorgen oder nachfolgende Termine usw.) nicht genügen, werden ausgesondert. In der etwa 40minütigen Gesamtdauer des Experiments registriert er per Beobachtung Verhaltensdaten und -auffälligkeiten. Im Ablauf werden Fragen nach dem Befinden über Dias eingeblendet, die von den Vpn auf fünfstufigen Schätzskalen beantwortet werden. Nach dem Ende des Versuchs werden in einem standardisierten Interview noch Angaben über den Ablauf, besondere Ereignisse, Befinden im Versuch abgefragt. Mit einem Polaritätenprofil (nach BACH und FELDES) wird die Beziehung zwischen der Vp und dem Vl ermittelt und der Vl selbst schreibt seine Gesamteinschätzung des Experiments nieder. Selbstverständlich werden auch die objektiven Kennwerte der Aufgabenlösung, also der erbrachten Rechenleistung differenziert registriert und ausgewertet (JOHANNES 1981).

(4.1.) Die kurze Skizze der in unseren Versuchen erhobenen Daten läßt bereits ein wichtiges methodologisches Prinzip erkennen, nämlich das der Komplexität: Diese äußerst komplexen Prozesse des internen handlungsregulierenden Systems sollen möglichst ohne großen Verlust an Komplexität abgebildet werden. Das ist natürlich nicht auf Anhieb und nur näherungsweise erreichbar und Reduktionen müssen allemal in Kauf genommen werden. Ein zweites methodologisches Problem aber sollte, wenn auch nicht so offen, daran abgelesen werden können: Es handelt sich um das Prinzip des materialistischen Monismus, über das die angedeutete Vielfalt und augenscheinliche Heterogenität der erhobenen Daten in ein einheitliches und philosophisch-materialistisch fundiertes Modell gebracht werden kann. Diesem seien einige Worte gewidmet.

Die ältere physiologische Psychologie ging bekanntlich von einem dualistischen Ansatz aus, der z. B. bereits bei WUNDT die Konsequenz hatte, daß physiologische und psychologische Daten nur auf einer sehr elementaren Ebene, zumeist der sensorischen Basisprozesse, miteinander in Verbindung gebracht werden durften. Höhere informationsverarbeitende Prozesse oder Funktionen wurden demnach von ihrer neurophysiologischen Basis abgekoppelt. Der materialistische Monismus erlaubt demgegenüber eine ganz andere Bestimmung, die hier gleich für die Bestimmung des gemeinsamen Gegenstands psychophysiologischer Untersuchungen formuliert werden soll: Beide beteiligte Disziplinen, also die Neurophysiologie des Menschen wie die allgemeine Psychologie, untersuchen ein und denselben Gegenstand – und dieser kann allgemein beschrieben werden als: das System der Regulation des menschlichen Verhaltens, dieses definiert als aktive Wechselwirkung zwischen dem Menschen und seiner natürlichen und sozialen Umwelt.

Da dieses, wie gesagt, ein äußerst komplexes System ist, d. h., viele Dimensionen und Aspekte hat, wird verständlich, daß es auch unter seinen verschiedenen Aspekten untersucht werden kann und muß – sofern auf den Grund gehende Erkenntnis angezielt wird. In der traditionellen Neurophysiologie dominierte dabei der Aspekt der neuronalen und zerebralen Mechanismen, in der traditionellen Psychologie der des „Erlebens", also der verbalen Erfassung der „inneren Erfahrung". Diese aspektive Beschränkung ist indessen nicht zwangsläufig. So ist bekannt, daß die Neurophysiologie mindestens seit PAWLOW ihren scheinbar genuinen Aspekt oft verlassen hat wie die Psychologie seit dem Behaviorismus den ihrigen. Es ist außerordentlich interessant, daß diese „Grenzüberschreitung" zur Begegnung beider Disziplinen in einem gemeinsamen Aspekt dieses Systems geführt hat: nämlich im Aspekt des „offenen", d. i. beobachtbaren Verhaltens. Geht man von extremen behavioristischen Voraussetzungen ab, so können die beiden vorgenannten Aspekte darin ohne Widerspruch vereinigt werden; das ANOCHINsche Modell der „physiologischen Architektur des Verhaltensaktes" (ANOCHIN 1978) zeigt das sehr deutlich. Es ist kein Zufall, daß PAWLOW die prinzipielle Einheit seiner „Theorie der höheren Nerventätigkeit" mit den Theorien der allgemeinen Psychologie behauptet und auch gefordert hat. Die Entwicklung bis heute hat ihm Recht gegeben. Diese zu seinen Lebzeiten als utopisch angekreidete Forderung gründete sich auf seine Überzeugung, daß die hochkomplexe Tätigkeit des Gehirns, besonders des Cortex, in der die Verbindung zwischen Organismus und Außenwelt im Sinne der Lebenserhaltung realisiert wird, zugleich neurophysiologische und psychische Tätigkeit ist.

Diese Anmerkungen mögen genügen, zumal in den folgenden Erörterungen darauf Bezug genommen wird und Präzisierungen erfolgen werden.

(4.2.) Die damit skizzierte Position des materialistischen Monismus und die hohe Komplexität des zu untersuchenden Regulationssystems erzwingen also ein multivariates Herangehen. Für dieses sollte wiederum eine methodologische Leitidee zu konzipieren sein. Wir meinen, daß sich dafür die kybernetische Systemtheorie eignet – allerdings mit einer nicht unerheblichen Korrektur, wie zu zeigen sein wird (s. Abb. 2).

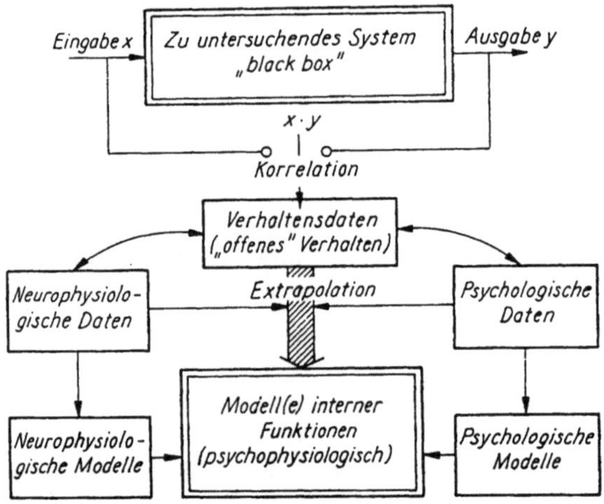

Abb. 2: Schema des kybernetisch orientierten Herangehens in der Kooperation von Neurophysiologie und Psychologie (Erläuterungen im Text).

In kybernetischer Sicht ist unser vorhin definiertes System zunächst eine Black Box, die nur von außen beobachtet werden kann. Unter funktionalen Gesichtspunkten richtet sich die Beobachtung auf raumzeitliche Beziehungen zwischen Eingangs- und Ausgangsereignissen („Reizen" und „Reaktionen"), zwischen denen Korrelationen festgestellt oder berechnet werden müssen. Im Gegensatz zu einzelnen Vertretern der Kybernetik, z. B. zu W. R. ASHBY (1958), der eine voraussetzungslose Beobachtung postuliert, fordern wir eine systematische und demzufolge theoriegeleitete. Im Gegensatz zu ASHBY, der in den gewonnenen Korrelationen bereits die überhaupt eruierbaren Gesetzmäßigkeiten zu sehen meint (das ist eine typische behavioristische Implikation!), sehen wir in diesen die ersten Schritte zu ihrer Aufdeckung, denen weitere und methodologisch gut überlegte zu folgen haben. Die gewonnenen Korrelationen sind u. E. der Ausgangspunkt für Modellkonstruktionen, die – logisch gesehen – Extrapolationen darstellen. Das heißt: Aus den bloßen Regularitäten in den Beziehungen zwischen den Eingangs- und den Ausgangsvariablen müssen hypothetische Modellkonstruktionen über die nicht direkt beobachtbaren Vermittlungen abgeleitet werden, für unseren Fall also über die im Zentralnervensystem ablaufenden. Um diese Extrapolationen auf Modelle zu sichern, können die vorhin genannten beiden anderen Datengruppen genutzt werden: 1) die neurophysiologischen Daten, die von verschiedenen Niveaus der zentralnervösen Integration abgeleitet werden, angefangen vom Niveau größerer Subsysteme bzw. Teilorgane des Gehirns bis hin zum zellulären oder subzellulären Niveau, und 2) die psychologischen oder Erlebensdaten, die das subjektive Pendant dazu bilden. Somit haben diese beiden Datengruppen, wie angemerkt, hier die Funktion eines Hilfsmittels, nämlich die Extrapolation auf die Mechanismen und Gesetze der Systemfunktionen zu ermöglichen und zu erleichtern.

Wenn sie diese Funktion erfüllen sollen, muß allerdings eine wichtige Voraussetzung gegeben sein: Beide Datengruppen müssen sich auf ein annähernd analoges Integrationsniveau der zerebralen Tätigkeit beziehen. Diese Voraussetzung ist sehr schwierig erfüllbar. So beziehen sich die meisten der überhaupt eruierbaren und sprachlich aussagbaren Erlebensdaten auf die Resultate dahinter verborgener und sehr komplizierter informationsverarbeitender Prozesse, also auf ein sehr hohes Integrationsniveau; sie sind also global oder „molar" gegenüber den oft mehr „molekularen" neurophysiologischen Daten. Besonders gravierend wird die Niveaudiskrepanz, wenn versucht wird, psychologische Daten auf solche zu beziehen, die biochemisch auf zellulärem Niveau gewonnen wurden; die moderne biochemische Gedächtnisforschung hat uns dieses Problem sehr deutlich vor Augen geführt. Aus diesen Überlegungen ergibt sich nun ein weiteres methodologisches Problem, nämlich in der Frage, wie man diesen kritischen Weg der Extrapolation gehen muß, oder einfacher gesagt, wie man die Datengruppen bei der Modellbildung miteinander in Beziehung setzen sollte.

(4.3.) In der älteren Psychophysiologie wurde dafür die folgende Prozedur bevorzugt: Einzelne neurophysiologische oder vegetativ-physiologische Meßwerte wurden mit psychologischen Meßwerten, z. B. Testdaten, die unter denselben experimentellen Bedingungen gewonnen wurden, korreliert; zeigten die erhaltenen Korrelationskoeffizienten einen überzufälligen (positiven oder negativen) Zusammenhang an, so wurde auf eine inhaltliche Entsprechung bzw. Nichtentsprechung der beiden Phänomene geschlossen. Man konnte nun, z. B. im Fall einer hohen positiven und statistisch geprüften Korrelation, das psychologische Datum als „Indikator“ für das neurophysiologische – und umgekehrt – verwenden. Auf diese Weise wurden natürlich sehr viele interessante Befunde ermittelt; man denke etwa an den Weg, wie die Bedeutung der verschiedenen Arten der bioelektrischen Aktivität des Cortex, mittels EEG abgeleitet, also die Alpha-, Delta-Wellen usw., ermittelt wurde, indem die elektrophysiologischen Daten mit den Daten aus der Verhaltensbeobachtung der Probanden, aber auch mit seinen Aussagen über seine erlebten Zustände in Beziehung gesetzt wurden, oder auch daran, wie in der neurophysiologischen Schlafforschung die Bedeutung der Phasen mit raschen Augenbewegungen, der sogenannte REM-Schlaf, ermittelt wurde, indem die schlafenden Probanden, sobald diese Phase auftrat, geweckt und dabei befragt wurden, was sie im Moment erlebt hätten.

Es ist dabei für unser Anliegen zunächst unerheblich, ob die Beziehungen zwischen neurophysiologischen und Erlebensdaten qualitativ erfaßt oder nach den Methoden der Korrelationsstatistik berechnet werden; der letztgenannte Weg ist natürlich der bessere.

Diese korrelative oder korrelationsstatistische Analyse erbringt aber in der Regel, außer bei sehr einfachen Kennwerten, zumeist nur schwache Zusammenhänge bzw. Korrelationskoeffizienten. Somit ist dieser Weg, obzwar als *eine* Etappe der Datenverarbeitung unabdingbar, als Erkenntnisweg wenig erfolgversprechend, zumal dabei die Kausalverhältnisse zwischen den untersuchten Variablen im Dunkeln bleiben.

Das bessere Verfahren, die Extrapolation auf Modelle zu sichern, ist in der modernen Psychologie entwickelt und erfolgversprechend genutzt worden. Es besteht darin, daß man im Prinzip den gesamten Datenpool – also die Verhaltens- und Erlebensdaten sowie die neurophysiologischen – mitsamt ihren Korrelationen (und auch weiterführenden analytisch-statistischen Verfahren, wie z. B. der Faktorenanalyse, der Varianzanalyse usw.) benutzt, um sogenannte „hypothetische Konstrukte“ daraus zu entwickeln, die schrittweise durch weitere Beobachtungen bzw. Experimente geprüft und damit immer weiterentwickelt werden. Die Abb. 2 veranschaulicht die dabei möglichen Wege: Psychologie und Neurophysiologie entwickeln gemeinsam in interdisziplinärer Arbeit diese Konstrukte bzw. Modelle, oder sie konstruieren, zunächst getrennt, aus ihren spezifischen Daten neurophysiologische oder psychologische Modelle bzw. Konstrukte, um sie sozusagen nachträglich in ein gemeinsames – und dann eben psychophysiologisches – Modell zu integrieren. Anders ausgedrückt: Auf der Basis der – theoriegeleitet! – gewonnenen empirischen Daten werden vorläufige Funktionsmodelle des untersuchten Realsystems konstruiert, von denen dann neue Hypothesen über die Systemfunktionen abgeleitet werden können, die wiederum durch

Beobachtung und/oder Experiment geprüft werden. Diese neuen Befunde ermöglichen dann eine Verfeinerung des Modells — und dergestalt setzt sich dieser Prozeß iterativ fort.

Die wichtigste und schwierigste Prozedur ist die Konstruktion hypothetischer Annahmen über die funktionellen Mechanismen des zu untersuchenden Systems. Dafür kann es natürlich keine formalen Regeln geben, da sie aus der Natur des Systems selbst hervorgehen müssen. An dieser Stelle liegt die eigentlich kreative Phase der Forschung. Damit soll allerdings nicht behauptet werden, daß man dabei auf eine Eingebung von außen zu warten hätte; nach den Erfahrungen des wissenschaftlichen Schöpfertums ist es dafür immer nützlich, sich dabei der allgemeinsten Naturgesetze, wie sie in der materialistischen Dialektik formuliert sind, zu bedienen. Für unser Problem kann ferner gesagt werden, daß die Modellkonstruktion erleichtert wird, wenn alle drei Datengruppen gemeinsam genutzt werden — und das wird ja durch interdisziplinäre Forschung ermöglicht.

(4.4.) Eine wichtige Voraussetzung für die gemeinsame Nutzung aller Datengruppen ist es nun — und damit sollen die methodologischen Vorüberlegungen abgeschlossen werden —, daß alle Daten möglichst dasselbe und ein möglichst hohes metrisches Niveau haben. Es ist eine Trivialität, daß Maße einen um so höheren Erkenntniswert haben, je präziser die Messungen sind und je adäquater das Maßsystem ist. Das ist eine für psychologische Daten (und partiell auch für neurophysiologische) keine einfach zu erfüllende Forderung. Prinzipiell kann man davon ausgehen, daß das Niveau intervallskalierter Messungen angestrebt werden sollte, was für eine Reihe der neurophysiologischen Kennwerte von vornherein gegeben ist, wenn auch nicht in unproblematischer Weise; während für Erlebnisdaten recht komplizierte und auch aufwendige Prozeduren eingesetzt werden müssen, um dieses Niveau zu erreichen. Natürlich lassen sich auch ordinalskalierte, sogar nominalskalierte Daten nutzen; die statistische Verarbeitung, z. B. schon die Berechnung von Korrelationen, ist dann allerdings eingeschränkt. Glücklicherweise gibt es für die Entwicklung guter Skalen, z. B. für die Erhebung von Erlebensdaten oder die Registrierung von Verhaltensweisen per Beobachtung, eine Menge vorzüglicher Methoden, die in der psychologischen Testtheorie entwickelt worden sind.

Das Maßproblem ist deshalb besonders bedeutsam, weil wir erst dann aus dem Vergleich neurophysiologischer und psychologischer Meßwerte einen besonderen Nutzen der interdisziplinären Arbeit ziehen können, wenn das höchstmögliche Skalenniveau erreicht ist. Dieser Vorteil heißt: gegenseitige Validierung (cross-validation). Diese geht davon aus, daß die Befunde der einen Seite einen Schluß auf die Bedeutung der Befunde der anderen Seite gestatten — und auch umgekehrt; die Interpretationen stützen sich also gegenseitig. Ohne Übertreibungen kann gesagt werden, daß die grundlegenden Erkenntnisse über das System der Verhaltensregulation, wie sie in den beiden und anderen Wissenschaften gefunden wurden, auf diese Weise zustande gekommen sind – auch wenn sich der einzelne Forscher dieser Methode gar nicht bewußt war. Besonders diesen enormen Vorteil des interdisziplinären Herangehens an dieses äußerst komplexe System wollen wir in unseren Untersuchungen nutzen. Natürlich verfügen wir zur Zeit noch nicht über sehr weittragende Ergebnisse, können aber mit einer im folgenden darzustellenden Auswahl der Befunde die Bedeutsamkeit der angewendeten methodologischen Prinzipien illustrieren. Es sei noch vermerkt, daß wir aus Raumgründen auf die genaue Darstellung der technischen Details der Experimente verzichten müssen (siehe aber Schwind et al. 1982).

II. Prüfung der methodologischen Prinzipien an ausgewählten Ergebnissen

(1) Das methodologische Prinzip des theoriegeleiteten Herangehens erfordert, ein vorläufiges Modell der zu untersuchenden Systemfunktionen zu konzipieren, das dem betreffenden Phänomenbereich möglichst nahe kommt. Für unser Problem liegt das bereits vor, und zwar im Modell des „funktionellen Systems" von Anochin (1967, 1978), das die Grundlage für die „Architektur des Verhaltensaktes" darstellt (vgl. Abb. 3). Für die Nutzung und Interpre-

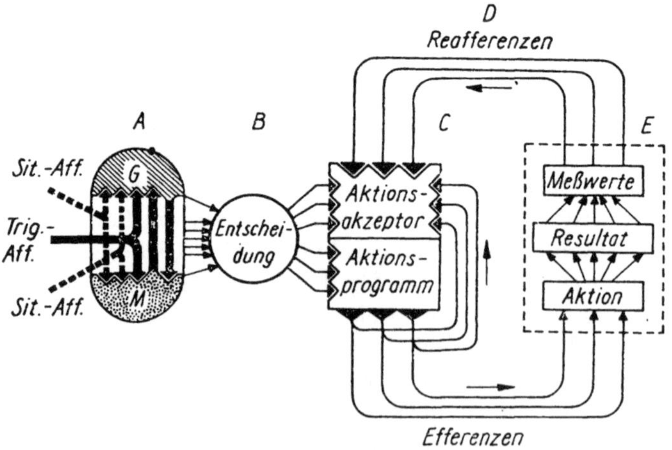

Abb. 3: Modell des funktionellen Systems von Anochin
Sit.-Aff. = Situationsafferenz; Trig.-Aff. = Trigger-Afferenz; M = Motivation; G = Gedächtnis; A bis E = Stadien der internen Regulationsprozesse (Erläuterungen im Text)

tation reizbezogener Potentiale des Gehirns führt dieses Modell zu einer Unterscheidung von Situationsafferenz, Triggerafferenz und Reafferenz. Diese Unterscheidung bedeutet, daß physikalisch gleichartige Reize auf Grund ihres Stellenwertes eine völlig unterschiedliche Verarbeitung erfahren, die, wie im weiteren zu zeigen sein wird, zu charakteristischen EP-Veränderungen führt, deren Interpretation mit Hilfe des ANOCHINschen Modells erleichtert wird. Damit werden evozierte Potentiale aber zu einem wirkungsvollen Instrument der neurophysiologischen Analyse von Systemprozessen.

Besonders bedeutsam im Modell ist auch die Konzeption des „Aktionsakzeptors“. Hier wird der Vergleich des angestrebten mit dem tatsächlich erreichten Resultat der Handlung vollzogen, dessen Parameter dem Aktionsakzeptor über Reafferenzen zugeführt werden. Im Falle einer Differenz erfolgt über eine Orientierungsreaktion eine erneute Afferenzsynthese mit nachfolgender Korrektur des Aktionsprogramms.

Solche Vergleichsprozesse sind wichtige Merkmale der internen Regulation menschlicher Handlungen (MILLER et al., 1960, HACKER, 1978). Unsere interdisziplinär zusammengesetzte Forschungsgruppe hat sich von Anfang an und in allen Phasen der Projekterarbeitung auf das Modell von ANOCHIN und auf eine Reihe seiner Implikationen gestützt, die in der modernen

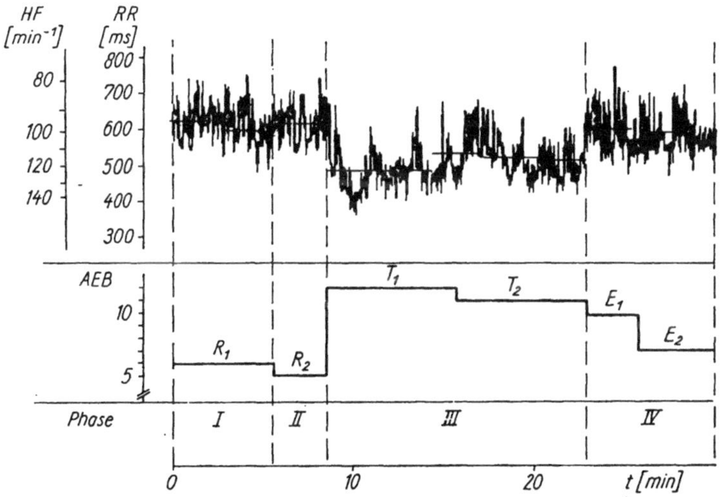

Abb. 4: Änderung der Herzfrequenz (HF) bzw. des RR-Intervalls sowie subjektiver Erlebnisdaten im Verlauf eines Experiments. E = Erregung, A = Anspannung, B = Belastung, gemessen auf fünfstufigen Ratingskalen. Werte hier aufsummiert. R = Ruhephase, T = Testphase, E = Erholungsphase.

Psychologie der informationsverarbeitenden Prozesse entwickelt worden sind (vgl. KLIX, 1971).

(2) Um die Angemessenheit der Versuchsanordnung und -durchführung für die gemeinsame Auswertung von physiologischen und psychologischen bzw. Verhaltensdaten zu kontrollieren, prüften wir das zunächst über einen bekannten und gut gesicherten Zusammenhang, nämlich den zwischen Herzfrequenz und (über Schätzskalen ermittelten) Befindensdaten. Die letzteren erfassen getrennt die Ausprägung von Anspannung (A), Erregung (E) und erlebter Belastung (B). Die Abb. 4 zeigt diese Daten zusammen mit der Herzfrequenz bzw. RR-Intervall in ms für eine Vp in einem Experiment. Die Daten für das Befinden bzw. die emotionale Beteiligung sind zusammengefaßt. Schon rein optisch ist die sehr gute Übereinstimmung beider Meßwertreihen über den gesamten Versuch hinweg deutlich. Das kann – im Sinne der gegenseitigen Validierung – schon als Beleg für die Validität und Aussagefähigkeit der hier benutzten Daten angesehen werden. Es zeugt auch für die bereits befriedigende Entwicklung des psychologischen Meßinstruments, das allerdings noch bis zum Intervallskalenniveau weiterentwickelt werden muß.

Die Abb. 5 demonstriert die Änderung der Herzschlagfolge für 12 Vpn; die RR-Intervall-Werte sind zum Zwecke der statistischen Auswertung transformiert. Neben der hohen und zu erwartenden interindividuellen Variabilität in den Ausgangs- und Endwerten wird der im allgemeinen sehr ähnliche

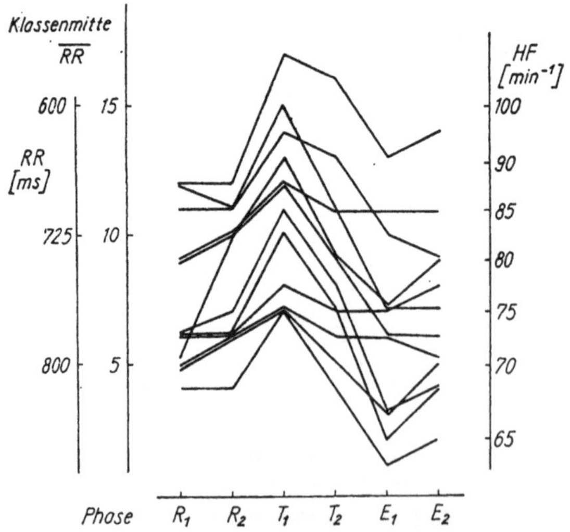

Abb. 5: Veränderungen der RR-Intervall-Mittelwerte über die Versuchsphasen (n = 12)

Kurvenverlauf bei den einzelnen Probanden sehr deutlich. Das ist ein Hinweis darauf, daß die Herzaktivität in hohem Maße in Abhängigkeit von der gewählten Testsituation variiert, und zeigt, daß die gute Übereinstimmung in Abb. 4 nicht zufällig entstanden ist. Ein weiterer Beleg dafür ist auf Abb. 6 zu sehen; sie zeigt für diese 12 Vpn den Zusammenhang zwischen Herzdaten und Befindlichkeitswerten; die RR-Intervall-Mittelwerte (ausgezogene Linie), die Streuung des RR-Intervalls (punktgestrichelte Linie) und die mittleren Rangsummen der emotionalen Beteiligung (gestrichelte Linie) weisen analoge Verläufe auf. Zwischen den RR-Intervallen und den Befindensdaten besteht ein signifikanter positiver Zusammenhang von p = 0,05. Diese und andere statistischen Prüfungen (vgl. JOHANNES, 1981) weisen einen soliden positiven Zusammenhang zwischen physiologischen und psychologischen Kennwerten aus, der Ausgangspunkt für vertiefende Analysen sein kann.

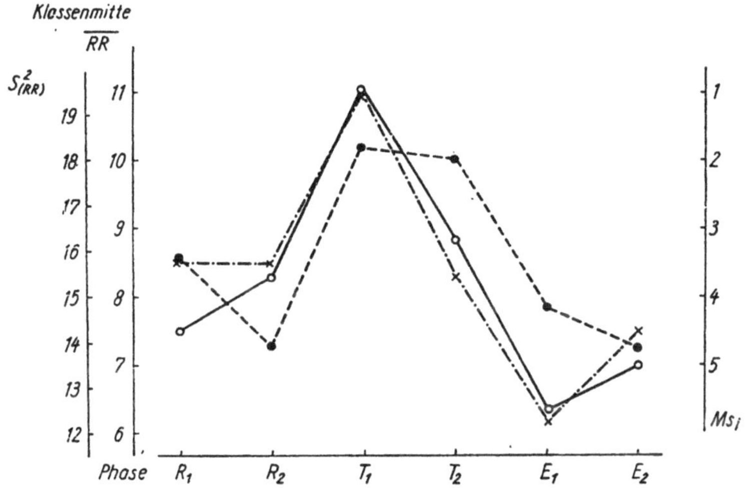

Abb. 6: Aus 12 Experimenten gemittelter Verlauf der Änderungen
(1) der RR-Intervall-Mittelwerte (ausgezogene Linie; 2. Ordinate RR-Klassenmitte),
(2) der Streuung des RR-Intervalls (punkt-gestrichelte Linie; 1. Ordinate s^2 (RR)-Klassenmitte) und
(3) der in den AEB-Skalen angegebenen emotionalen Beteiligung (gestrichelte Linie; 3. Ordinate M_{si} (mittlere Rangsummen).
$r_{1/2}$ = .9397, p = 0,01
$r_{1/3}$ = .7565, p = 0,05
$r_{2/3}$ = .6308, nicht signifikant

(3) Was damit gefunden wurde, ist natürlich nichts Neues. Es mußte jedoch für die Versuchsanordnung unmittelbar geprüft werden, ob mit ihr überhaupt eine ereignis- und aufgabenabhängige Veränderung des Aktivierungsniveaus erreicht werden konnte. Da dies nachgewiesen ist, lassen sich nun die Resultate der EP-Ableitungen auf diesem soliden Hintergrund untersuchen – allerdings mit großer Vorsicht und sorgfältiger Berücksichtigung möglicher Artefakte. Folgende Ergebnisse sollen diese Analyse illustrieren.

Die Abb. 7 zeigt akustisch evozierte Potentiale (AEP), die während des gesamten Versuchs abgeleitet wurden, und zwar aus versuchsmethodischen Gründen immer in den Pausen zwischen den Dia-Einblendungen. Diese Reize haben nach ANOCHIN den Charakter einer Situationsafferenz. Die Wirkung der Testsituation besteht in einer deutlichen Amplitudenverminderung der P 190.

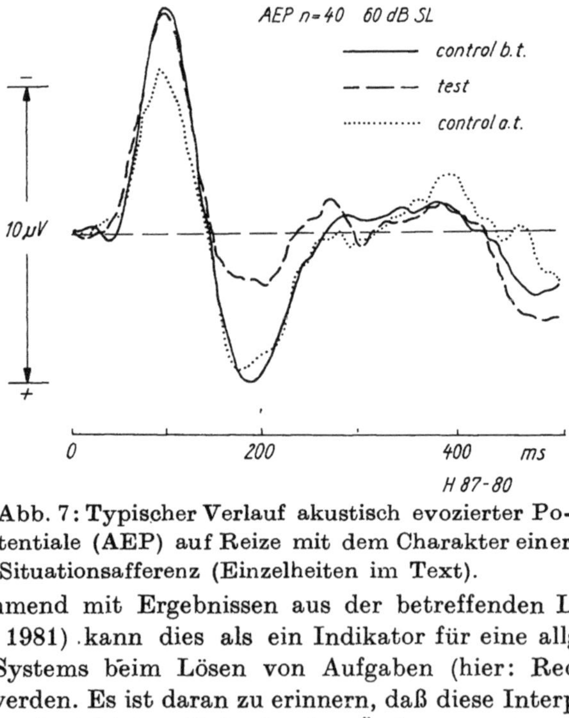

Abb. 7: Typischer Verlauf akustisch evozierter Potentiale (AEP) auf Reize mit dem Charakter einer Situationsafferenz (Einzelheiten im Text).

Übereinstimmend mit Ergebnissen aus der betreffenden Literatur (z. B. ULLSPERGER, 1981) kann dies als ein Indikator für eine allgemeine Aktivierung des Systems beim Lösen von Aufgaben (hier: Rechenaufgaben) interpretiert werden. Es ist daran zu erinnern, daß diese Interpretation auch durch die vorn berichteten Befunde der Änderungen von Herzfrequenz und subjektivem Befinden gestützt werden kann. Anders liegen aber die Verhältnisse, wenn ein Reiz im Anochinschen Sinne Reafferenzcharakter hat, d. h. die Vp über das tatsächlich erzielte Resultat einer durchgeführten Handlung informiert (Abb. 8). In unseren Versuchen erhalten elektrische

Hautreize, die somatosensorisch evozierte Potentiale (SEP) auslösen, dadurch Bedeutung, daß sie in der Testphase als Information über richtiges oder falsches Lösen einer Rechenaufgabe verwendet werden. In den beiden Kontrollphasen sind sie jedoch in dieser Beziehung ohne Bedeutung; sie werden zur Ermittlung von Vergleichsdaten nach den eingeblendeten Befindensfragen appliziert.

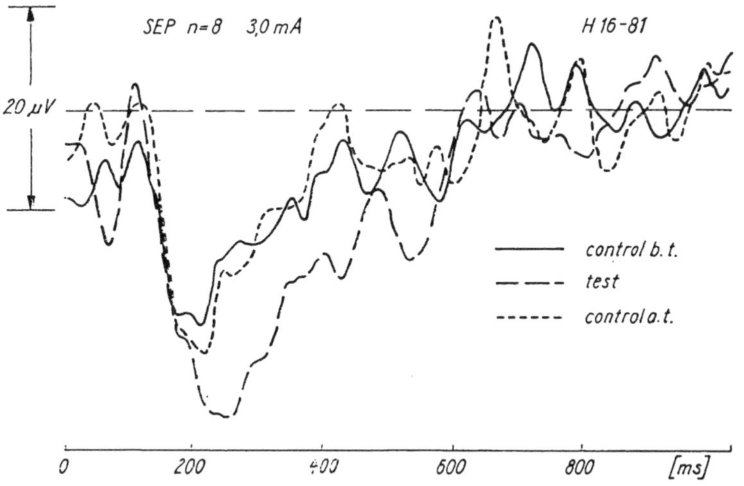

Abb. 8: Beispiel für die Veränderungen somatosensorisch evozierter Potentiale (SEP) in Abhängigkeit von der Bedeutsamkeit des auslösenden Reizes. In den Kontrollantworten war der Reiz ohne Bedeutung, in der Testsituation hatte er Reafferenzcharakter und informierte über die falsche Lösung der Aufgabe. Stimulation: transkutan, N. ulnaris-Ast der linken Hand; Rechteckimpulse, Impulsbreite 0,5 ms, Reizintensität 3,0 mA; Ableitung: Vertex – rechtes Ohrläppchen ($C_z - A_2$).

Das auffälligste Ergebnis ist nun, daß die große, zeitlich ausgedehnte positive Welle um etwa 300 ms in der Testphase eine deutliche Amplituden-Zunahme erfährt. Dieser Potentialanteil gehört bereits zu den endogenen Anteilen, die in der angloamerikanischen Literatur auch als „invoked potentials" bezeichnet werden. Die späten Komponenten und ihre Charakteristika werden nicht mehr ausschließlich von den physikalischen Reizcharakteristika (Frequenz, Amplitude, Dauer, Interstimulusintervall) bestimmt, sondern gelten vor allem als Ausdruck für die interne Informationsverarbeitung. Für unsere Versuche läßt sich vermuten, daß das Auftreten dieser Welle auf jene Vergleichsprozesse hinweist, die zwischen dem erzielten und rückgemeldeten

Ergebnis der Handlung mit seinem efferenten Modell im Aktionsakzeptor vor sich gehen.

Die Abb. 9 soll dies etwas näher verdeutlichen. Die von einer Vp in mehreren Experimenten erhaltenen Potentiale nach somatosensorischer Reizung (SEP) zeigen in den Kontrollwerten, also wo der Reiz nicht bedeutsam ist, diesen Potentialanteil überhaupt nicht; wo positiv rückinformiert wird, der Reiz also nach richtiger Aufgabenlösung appliziert wurde, tritt eine positive Komponente mit geringerer Amplitude und nach negativer Rückmeldung ein vergleichbares Potential mit vergrößerter Amplitude auf. Sehr auffällig, in der Abb. 9 jedoch nicht so gut sichtbar, ist die längere Dauer dieser Positivierung mit einer Gipfelzeit von etwa 300 ms; in der Abb. 10, die dasselbe in schematisierter Form zeigt, wird dies deutlicher.

Es läßt sich also zusammenfassend feststellen: Wenn ein Reiz dadurch, daß er als Reafferenz auftritt, vom Probanden als subjektiv bedeutsam bewertet wird und wenn sein Auftreten – über den Vergleichsprozeß im Aktionsakzeptor – subjektive Ungewißheit beseitigt, dann wird diese langdauernde Positivierung im SEP mit einer Gipfelzeit von 300 ms beobachtet.

Zwei der vorn erwähnten methodologischen Prinzipien können an diesem

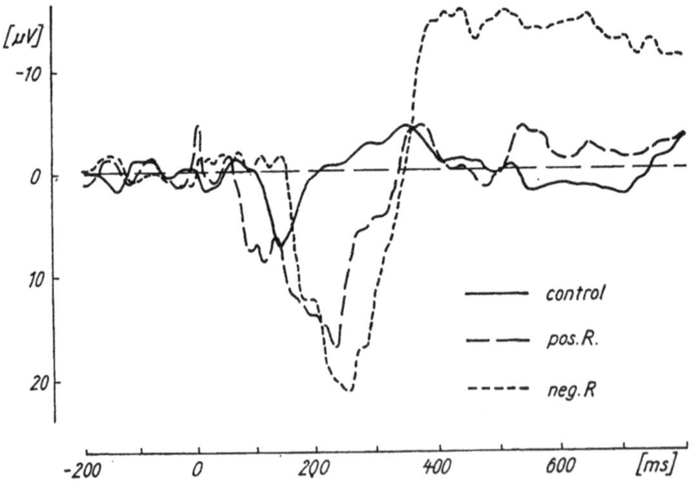

Abb. 9: Darstellung der Veränderungen somatosensorisch evozierter Potentiale (SEP) durch Reize mit Reafferenzcharakter.
pos. R. = Reiz bei richtiger Lösung d. Aufgabe
neg. R. = Reiz bei falscher Lösung
control = Reiz bedeutungslos.
(Einzelheiten im Text).

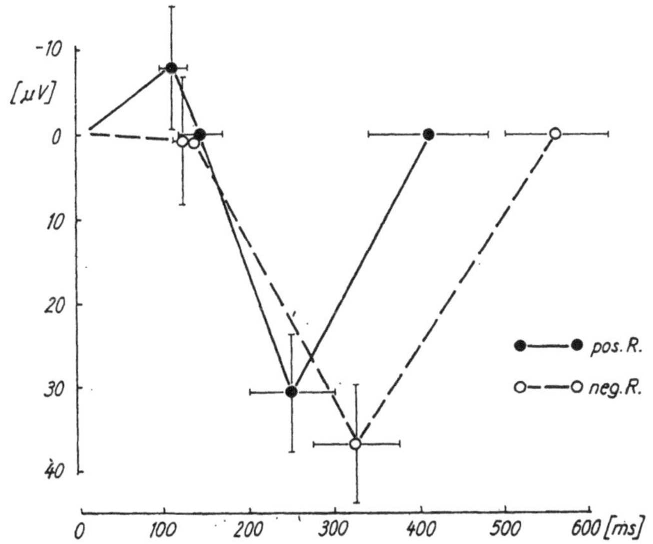

Abb. 10: Schematische Gegenüberstellung der für eine Vp ermittelten SEP-Kennwerte bei Reizung mit positivem (ausgezogene Linie) und negativem (gestrichelte Linie) Reafferenzcharakter. Stimulation und Ableitung wie in Abb. 9, Lösung der Rechenaufgaben ohne Zeitdruck.

Ergebnis illustriert werden. Das erste bezieht sich auf die Möglichkeit gegenseitiger Validierung neurophysiologischer und psychologischer Daten. Die im Experiment gesetzte und/oder aus Verhaltens- bzw. Erlebensdaten erschlossene subjektive Bedeutsamkeit eines Außenweltreizes bzw. einer Information gestattet es, solche Charakteristika neurophysiologischer Reaktionsmuster (in ihrer Erscheinungsweise als bioelektrische Phänomene) zu interpretieren. Das ist die eine Seite der Validierung. Die andere ist aus verständlichen Gründen des erreichten Kenntnisstandes schwieriger zu realisieren; sie müßte darin bestehen, einen psychologisch ermittelten Tatbestand, etwa das Konstrukt des internen Vergleichsprozesses im Aktionsakzeptor, wie er durch die experimentelle Anordnung vermutlich induziert wird oder aus der verbalen Reflexion des Probanden erschlossen werden kann, mithilfe eines neurophysiologischen Modells zu begründen oder letztlich zu erklären. Das ist – mindestens für so hochkomplexe Systemfunktionen – heute noch nicht möglich, aber durch Planung entsprechender Tierexperimente durchaus denkbar. Jeder Schritt auf diesem Wege, sei er theoretisch oder empirisch vollzogen, führt zu solchem Ziel hin – eben zur allmählichen Anpassung und Verfeinerung modellartiger Konstrukte an die Realität.

Das führt unmittelbar zum zweiten, daran ablesbaren methodologischen Prinzip. Die auf der Abb. 10 sichtbaren Unterschiede im SEP bei positiver und negativer Rückmeldung erlauben es, neue und vielleicht weiterführende Hypothesen zu generieren. So könnte vermutet werden, daß diese Differenz mit dem verschiedenen Charakter der Reafferenz, nämlich entweder als „Belohnung" oder als „Bestrafung" verbunden ist. Es gibt eine Fülle von Erkenntnissen der allgemeinen Psychologie, z. B. aus dem Gebiet der Lernprozesse, die für differente Wirkungen von Lohn und Strafe sprechen, die sich u. U. auch in den neuronalen Prozessen auswirken könnten. Das wäre eine prüfbare Hypothese. Eine andere könnte sein, daß im Falle positiver Rückmeldung andere Vergleichsprozesse stattfinden als im Falle negativer Rückmeldung. Wenn eine Erwartung über das intendierte Ergebnis einer Handlung mit ihrem tatsächlichen Resultat nicht übereinstimmt, so dürfte das andere Konsequenzen für die sich anschließenden Operationen im Informationsverarbeitungsprozeß haben, als wenn Erwartung (also das efferente Modell oder die Kopie des Aktionsprogramms) und Reafferenz übereinstimmen. Das Modell von ANOCHIN postuliert für die Nichtübereinstimmung die Auslösung einer Orientierungsreaktion, ein Sachverhalt, der experimentell recht gut gesichert ist (vgl. auch SOKOLOW, 1963). Ob eine solche Hypothese zutrifft, kann empirisch damit geprüft werden, ob weitere charakteristische Parameter der OR auftreten. Eine dritte Hypothese nun könnte sein, daß für beide Fälle der Übereinstimmung oder Nichtübereinstimmung verschiedene Abbruchbedingungen für den informationsverarbeitenden Prozeß definiert sind. Es kann allgemein als recht sicher gelten, daß bei analogen Vergleichsprozessen gerade die Übereinstimmung zwischen dem efferenten Modell und der Rückmeldung als Abbruchbedingung gilt (vgl. das TOTE-Modell von MILLER et al., 1960); damit könnte die geringere zeitliche Erstreckung des SEP nach positiver Rückmeldung zusammenhängen.

Welche dieser (oder noch anderer) Hypothesen gilt, das kann experimentell geprüft werden; Verifikation und, genau so bedeutsam, auch eine Falsifikation bedeuten aber allemal eine (wenn auch geringe) Verbesserung des zugrunde gelegten Modells.

Wir können nunmehr zu den wenigen ausgewählten Ergebnissen feststellen: Wenn evozierte Potentiale mit einer sorgfältig ausgearbeiteten und geprüften Versuchsmethodik im Zusammenhang mit anderen physiologischen und psychologischen Parametern erhoben werden, so erlauben sie die Beurteilung des allgemeinen Aktivierungsniveaus der Vpn, das sich im wesentlichen aus den Anforderungen der Aufgabensituation, d. h. der Verarbeitung der handlungsrelevanten Außenweltinformation ergibt. Wie notwendig die gemeinsame Berücksichtigung aller Daten ist, das kann mit

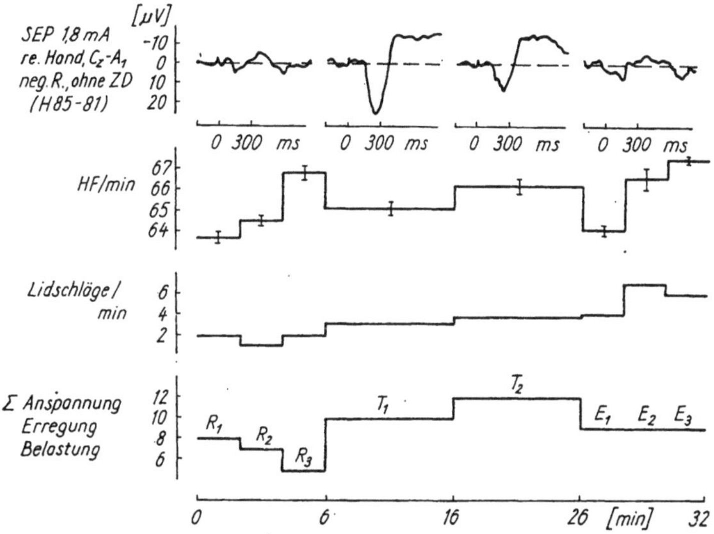

Abb. 11: Gegenüberstellung der Änderungen von Herz- und Lidschlagfrequenz sowie subjektiver Erlebensdaten im Verlauf eines Experiments. Zuordnung der SEP, die in den Testphasen (T_1, T_2) durch Reize mit negativem Reafferenzcharakter ausgelöst wurden. In den Ruhe- (R) und Erholungsphasen (E) wurden dieselben Reize appliziert, waren aber hier ohne Bedeutsamkeit (weitere Einzelheiten im Text).

der Abb. 11 veranschaulicht werden. Sie zeigt die SEP-Verläufe, die Herzfrequenz, die Lidschläge und das subjektive Befinden über alle Versuchsphasen hinweg, abgeleitet bzw. erhoben vor einer Vp. Deutlich wird wieder die P 300-Welle im SEP in den Testphasen gegenüber den R- und E-Phasen. Dabei fällt die geringere Amplitude des SEP in der zweiten Testhälfte auf, die auf eine geringere subjektive Bedeutsamkeit des applizierten Hautreizes in diesem Abschnitt hinweisen könnte (vgl. auch Donchin, 1981). Die Vpn berichtete nach dem Versuch, daß sie in der zweiten Testhälfte bemerklich durch andere, situationsunabhängige Gedanken abgelenkt gewesen sei. Damit könnten die Anstiege der HF- und AEB-Werte und gleichzeitig die Verringerung der P 300-Amplitude erklärt werden.

(4) Unsere beispielhaft ausgewählten Ergebnisse von Versuchen, die in erster Linie dem Zwecke dienten, die Möglichkeiten komplexer Datenerhebung in solchen psychophysiologischen Experimenten zu sichern, erlauben die Folgerung, daß sich unser multivariates Herangehen, das die Komplexität des Gegenstandes selbst berücksichtigt, durchaus bewährt hat.

Die Aufgabe der Systemanalyse von Hirnfunktionen bei zielgerichteten menschlichen Handlungen dürfte bei solchem interdisziplinären Vorgehen effektiver lösbar sein als bei disziplinärem. Damit können auch unsere methodologischen Vorüberlegungen als wichtig bestätigt werden. Es sei vor allem auf die dem materialistischen Monismus verpflichtete These verwiesen, der zufolge – nun in etwas anderer Formulierung – die zentralnervöse Tätigkeit und die psychische Tätigkeit des Menschen als ontologisch einheitliche – der Verhaltensregulation dienende – Systemfunktion aufgefaßt wird. Es sei ferner daran erinnert, daß die Versuchsplanung und die Komplexität der Datenerhebung den im Laborexperiment agierenden Menschen nicht als einen auf Reize reagierenden „Automaten" nimmt, sondern als ein soziales Wesen, dessen Beziehungen zur sozialen Situation, die das Experiment darstellt, sowie zu seiner gesellschaftlichen Umwelt im ganzen konstitutiv mit in den Kalkül gezogen werden.

Wenn auch nur in den Grenzen der wissenschaftlichen Aufgabe, die wir uns gestellt haben, werden die Forderungen des historischen Materialismus an Untersuchungen am Menschen also auch hier zureichend berücksichtigt. Die Betonung dessen scheint deshalb besonders notwendig zu sein, weil manche Kritiker der Psychophysiologie gelegentlich meinen, dieses Herangehen gehe am „Wesen des Menschen" vorbei und behandle ihn lediglich als einen biologischen Sachverhalt. Zu zeigen, daß eine solche biologische Reduktion oder Verkürzung des menschlichen Wesens nicht notwendig zu einer modernen Psychophysiologie gehört, war auch ein Anliegen dieser Darstellung.

LITERATUR

Allport, F. H. (1924): Social Psychology. Boston: Houghton Mifflin.

Anochin, P. K. (1967): Das funktionelle System als Grundlage der physiologischen Architektur des Verhaltensaktes. Jena: VEB Gustav Fischer Verlag.

Anochin, P. K. (1978): Beiträge zur allgemeinen Theorie des funktionellen Systems. Abhandlungen aus dem Gebiet der Hirnforschung und Verhaltensphysiologie, Bd. 8, Jena: VEB Gustav Fischer Verlag.

Ashby, W. R. (1958): An Introduction to Cybernetics. London: Chapman & Hall.

Begleiter, H. (Ed.) (1979): Evoked Brain Potentials and Behavior. New York/London: Plenum Press.

Callaway, E., P. Tweting & S. H. Koslow (Eds.) (1978): Event-related Brain Potentials in Man. New York/San Francisco/London: Academic Press.

Chen, S. C. (1937): Social modification of the activity of ants in nest-building. Physiol. Zool., 10, 420–436.

Donchin, E. (1981): Surprise! . . . Surprise? Psychophysiology, 18, 493–513.

Fechner, G. Th. (1860): Elemente der Psychophysik. Leipzig.

Freud, S. (1895): Studien über Hysterie. Wien.

Hacker, W. (1978): Allgemeine Arbeits- und Ingenieurpsychologie. 2. Auflage, Berlin: VEB Deutscher Verlag der Wissenschaften.

Haschke, R., A. Dove & U. Dove (1978): Vergleich von Änderungen evozierter Potentiale aus dem Corpus geniculatum laterale und visuellen Kortex durch Reizung des medialen Septumkerns und der Formatio reticularis mesencephali beim Kaninchen. Acta biol. med. germ., 37, 275–289.

Haschke, W. (1976): Zur Rolle des Hippokampus bei Informationsverarbeitungsprozessen im ZNS. In: Haschke, W. (Hrsg.): Abhandlungen aus dem Gebiet der Hirnforschung und Verhaltensphysiologie, Bd. 6: Informationsverarbeitung im Zentralnervensystem. Jena: VEB Gustav Fischer Verlag.

Haschke, W. (1978): Limbic involvement in basic information processing and motivation. In: Lissák, K. (Ed.): Recent developments of neurobiology in Hungary. Budapest: Akadémiai Kiadó.

Haschke, W. & R. Haschke (1980): Können Untersuchungen evozierter Potentiale zur Systemanalyse von Hirnfunktionen beitragen? WZ Karl-Marx-Universität Leipzig, Math.-Naturwiss. Reihe, 29. Jg., H. 2.

Johannes, B. (1981): Erfassung von Erlebnisdaten im psychophysiologischen Experiment. Psychol. Diplomarbeit Jena (unveröff.).

Karlin, L. (1970): Cognition, preparation and sensory-evoked potentials. Psychol. Bull., 73, 122–136.

Klix, F. (1971): Information und Verhalten. Kybernetische Aspekte der organismischen Informationsverarbeitung. Einführung in naturwissenschaftliche Grundlagen der Allgemeinen Psychologie. Berlin: VEB Deutscher Verlag der Wissenschaften.

Lück, H. E. (1969): Soziale Aktivierung. Diss. Köln.

Miller, G. A., E. Galanter & K. Pribram (1960): Plans and the structure of behavior. New York.

Näätänen, R. (1967): Selective attention and evoked potentials. Ann. Acad. Sci. Fenn. B 151 1–226.

Näätänen, R. (1975): Evoked potentials and selective attention in humans–A critical review. Biol. Psychol., 2, 237–307.

Picton, W. W. & S. A. Hillyard (1974): Human auditory evoked potentials. II. Effects of attention. Electroenceph. clin. Neurophysiol., 36, 191–199.

Regan, D. (1972): Evoked potentials in psychophysiology, sensory physiology and clinical medicine. London: Chapman & Hall.

Schwind, J., R. Haschke & W.-U. Dormann (1982): Zur Objektivierung sozial induzierter Aktivierungsprozesse auf der Grundlage evozierter Potentiale. I. Funktionsprinzip und Realisierung der Versuchsablaufsteuerung. Z. Psychologie, Bd. 190, S. 424–433.

Sokolow, E. N. (1963): Higher nervous functions: The orienting reflex. Amer. Rev. Physiol.

Sonne, B. (1979): Zur Objektivierung sozial induzierter Aktivierungsprozesse – Entwicklung eines experimentellen Ansatzes. Diss. A Jena.

Ullsperger, P. (1981): Abhängigkeiten von Kennwerten evozierter Hirnpotentiale des Menschen von äußeren und inneren Einflußfaktoren. Ein Beitrag zur Beziehung zwischen Informationsverarbeitungsprozessen und bioelektrischer Hirnaktivität. Diss. B Berlin.

Wundt, M. (1874): Grundzüge der physiologischen Psychologie. Leipzig.

Band 118

Heft 1 Prof. Dr. RUDOLF GROSSE, Dr. SIEGFRIED BLUM, Dr. HEINRICH GÖTZ, Beiträge zur Bedeutungserschließung im althochdeutschen Wortschatz 1977. 208 Seiten – 8⁰ – M 22,–

Heft 2 Prof. Dr. ROLF LIEBERWIRTH, Die historische Entwicklung der Theorie vom vertraglichen Ursprung des Staates und der Staatsgewalt 1977. 54 Seiten – 8⁰ – M 5,–

Heft 3 Prof. Dr. JOACHIM MÜLLER, Thomas Manns Künstlertum und Humanitätsgewissen 1976. 27 Seiten – 8⁰ – M 2,50

Heft 4 Prof. Dr. HANS HIEBSCH, Wilhelm Wundt und die Anfänge der experimentellen Psychologie 1977. 22 Seiten – 8⁰ – M 2,50

Heft 5 Prof. Dr. ERNST WERNER, Stadtluft macht frei. Frühscholastik und bürgerliche Emanzipation in der ersten Hälfte des 12. Jahrhunderts 1976. 96 Seiten – 8⁰ – M 8,–

Band 119

Heft 1 Prof. Dr. WILHELM PÉE, Rechtschreibungsprobleme im Niederländischen. Mit einem Beitrag von Dr. HELGA HIPP, Probleme der niederländischen Rechtsschreibung aus germanistischer Sicht 1977. 53 Seiten – 8⁰ – M 5,–

Heft 2 Prof. Dr. GERTRUD SCHUBART-FIKENTSCHER, Goethes Amtliche Schriften. Eine rechtsgeschichtliche Untersuchung 1977. 72 Seiten – 8⁰ – M 6,50

Heft 3 Prof. Dr. RUDOLF RŮŽIČKA, Historie und Historizität der Junggrammatiker 1977. 22 Seiten – 8⁰ – M 3,–

Heft 4 Prof. Dr. GERTRUD SCHUBART-FIKENTSCHER, Christian Thomasius. Seine Bedeutung als Hochschullehrer am Beginn der deutschen Aufklärung 1977. 50 Seiten – 8⁰ – M 4,50

Heft 5 Prof. Dr. JOACHIM MÜLLER, Shakespeare und ein deutscher Anfang: Die von Borcksche Übersetzung des „Julius Cäsar“ von 1741 im Streitfeld von Gottsched und Johann Elias Schlegel 1977. 65 Seiten – 8⁰ – M 5,–

Heft 6 Prof. Dr. HERBERT PEUKERT, Position einer Linguóstilistik 1977. 93 Seiten – 8⁰ – M 8,50

Band 120

Heft 1 Prof. Dr. LIESELOTTE BLUMENTHAL, Mozarts englisches Mädchen 1978. 29 Seiten – 8⁰ – M 3,–

Heft 2 Prof. Dr. HANS-JOACHIM DIESNER, Westgotische und langobardische Gefolgschaften und Untertanenverbände 1978. 32 Seiten – 5 Abbildungen – 8⁰ – M 4,–

Heft 3 Prof. Dr. WALTER DIETZE, „Ein würdiger Lehrer der Menschheit zu werden ...“ Über Johann Gottfried Herders schriftstellerische Anfänge 1978. 22 Seiten – 8⁰ – M 3,–

Heft 4 Prof. Dr. ROLF LIEBERWIRT“, Der Staat als Gegenstand des Hochschulunterrichts in Deutschland vom 16. bis zum 18. Jahrhundert 1978. 28 Seiten – 8⁰ – M 3,50

Heft 5 Prof. Dr. RUDOLF MEYER, Gegensinn und Mehrdeutigkeit in der althebräischen Wort- und Begriffsbildung 1979. 31 Seiten – 8⁰ – M 3,50

Heft 6 Prof. Dr. WERNER NEUMANN, Aufgaben und Probleme der heutigen Bachforschung 1979. 25 Seiten – 8⁰ – M 3,–

Band 121

Heft 1 Prof. Dr. KARL CZOK, Vorstädte. Zu ihrer Entstehung, Wirtschaft und Sozialentwicklung in der älteren deutschen Stadtgeschichte 1979. 28 Seiten – 8⁰ – M 3,–

Heft 2 Prof. Dr. HANS-JOACHIM DIESNER, Politik und Ideologie im Westgotenreich von Toledo: Chindasvind 1979. 35 Seiten – 8⁰ – M 4,50

Heft 3 Prof. Dr. JOACHIM MÜLLER, Die dramatische Funktion von Mephistos Monolog in Goethes „Faust“ I: „Verachte nur Vernunft und Wissenschaft ...“ (V. 1851–1867) 1980. 32 Seiten – 8⁰ – M 3,–

Heft 4 Prof. Dr. Dr. KURT RUDOLPH, Antike Baptisten. Zu den Überlieferungen über frühjüdische und -christliche Taufsekten. 1981. 40 Seiten – 8⁰ – M 4,50

Heft 5 Prof. Dr. CLAUS TRÄGER, Lessing – Kritik und Historizität 1981. 34 Seiten – 8⁰ – M 3,50

Heft 6 Prof. Dr. ALBRECHT NEUBERT, Zu einigen aktuellen Problemen der lexikalischen Semantik 1981. 20 Seiten – 8⁰ – M 3,–

Band 122

Heft 1 Prof. Dr. JOACHIM MÜLLER, Der vierte Akt im Zweiten Teil von Goethes „Faust“. Aktion und Bezüge 1981. 26 Seiten – 8⁰ – M 3,–

Heft 2 Prof. Dr. GERHARD DUDEK, Lew Tolstoi – Künstlerische Entdeckung und ästhetische Herausforderung 1981. 20 Seiten – 8⁰ – M 3,–

Heft 3 Prof. Dr. ZSIGMOND TELEGDI, Ein Beitrag zur Lehre vom sprachlichen Zeichen 1981. 36 Seiten – 8⁰ – M 4,50

Heft 4 Prof. Dr. ROLF LIEBERWIRTH, Eike von Repchow und der Sachsenspiegel 1982. 50 Seiten – 8⁰ – M 5,–

Heft 5 Prof. Dr. ERNST EICHLER, Ergebnisse der Namenforschung im deutsch-slawischen Raum 1982. 48 Seiten – 8⁰ – M 4,50

Heft 6 Prof. Dr. SIEGFRIED WOLLGAST, Die Philosophie in Deutschland vor der Reformation bis zur Aufklärung – Hauptetappen und Tendenzen 1982. 59 Seiten – 8⁰ – M 6,–

Band 123

Heft 1 — Prof. Dr. Eberhard Brüning, Sinclair Lewis und die endgültige Emanzipation der amerikanischen Literatur — 1982. 25 Seiten – 8° – M 3,50

Heft 2 — Prof. Dr. Ernst Werner, Sultan Mehmed der Eroberer und die Epochenwende im 15. Jahrhundert — 1982. 71 Seiten – 8° – M 7,50

Heft 3 — Prof. Dr. Werner Neumann, Über das funktionale Wechselverhältnis von Vokalität und Instrumentalität als kompositionstechnisches Grundphänomen — 1982. 30 Seiten – 8° – M 4,–

Heft 4 — Prof. Dr. Karl Czok, Über Traditionen sächsischer Landesgeschichte — 1983. 44 Seiten – 31 Tafeln – 8° – M 8,–

Heft 5 — Prof. Dr. Dr. Kurt Rudolph, Wellhausen als Arabist — 1983. 57 Seiten – 8° – M 6,–

Heft 6 — Prof. Dr. Terence Frederick Mitchell, Soziolinguistische und stilistische Aspekte des gesprochenen Arabisch der Gebildeten (Educated Spoken Arabic) in Ägypten und der Levante — *(In Vorbereitung)*

Band 124

Heft 1 — Prof. Dr. Hans Hiebsch, Dr. Renate Haschke, Methodologische Probleme der Psychophysiologie bei der Systemanalyse menschlicher Handlungen — *(Vorliegendes Heft)*

Heft 2 — Prof. Dr. Albrecht Neubert, Diskurs über den Diskurs. Neue Denkanstöße in der Sprachwissenschaft oder zur Gegenstandsbestimmung der Linguistik — 1983. 16 Seiten – 8° – M 3,–

Heft 3 — Prof. Dr. Werner Bahner, Kontinuität und Diskontinuität in der Herausbildung der romanischen Sprachwissenschaft — 1983. 40 Seiten – 8° – M 4,50

Heft 4 — Prof. Dr. Rudolf Růžička, Sprachwissen und Sprachkunst. Ein Beispiel: Die Metapher — 1983. 44 Seiten – 8° – M 5,–

Einzel- oder Fortsetzungsbestellungen durch eine Buchhandlung erbeten

Sitzungsberichte bis Band 112
durch das Zentralantiquariat der Deutschen Demokratischen Republik, Leipzig,
ab Band 113 durch den Akademie-Verlag, Berlin, zum Teil noch lieferbar

AKADEMIE-VERLAG

DDR - 1086 Berlin, Leipziger Straße 3–4

Bei Fragen zur Produktsicherheit wenden Sie sich bitte an:
If you have any questions regarding product safety,
please contact:

Walter de Gruyter GmbH
Genthiner Straße 13
10785 Berlin
productsafety@degruyterbrill.com